베짱이로 살기로 했다

한인숙 시집

시인동네 시인선 201

한인숙 시집

베짱이로 살기로 했다

시인동네

시인의 말

딱따구리가 쪼아낸 소리가 숲을 가로질렀고
꽃은 서둘러 환해졌다.
앞산의 병풍바위는
제 몸속에 경전을 새기는지 여전히 묵언수행 중이다.
누구라서 저 오랜 경전 앞에서 경건하지 않을 수 있으며
저 풍상의 날들을 화석으로 만들 수 있겠는가.
둥지를 수선하던 새
소나무가 퍼 올린 샛강에 목을 축이고
산은 그만큼 깊어졌다.

2023년 3월
한인숙

차례

시인의 말

제1부

책장 · 13

윷놀이 · 14

촉 · 16

산수유 · 18

갈대 · 19

나무의 귀 · 20

바람에게 물어봐 · 22

춘정 · 24

라일락 · 25

뿌리에 관하여 · 26

규화목과 마주하다 · 28

봄비 · 29

푸른 부리 · 30

춘분 · 32

제2부

문득, 이라는 인생 · 35

베짱이로 살기로 했다 · 36

자화상 · 38

전원일기 · 40

쓸쓸함에 대하여 · 42

너도바람꽃 · 43

길 · 44

캥거루, 족 · 46

기타 치는 남자 · 48

바통을 넘기다 · 50

숲에 들다 · 52

파도를 밟다 · 54

섬을 걷다 · 56

소금꽃 · 58

나무의 생각 · 60

제3부

키 · 63

콩밥 · 64

보리밭 · 66

봄을 뜯다 · 68

울음의 곡선 · 70

꽃의 몰락 · 71

스트라이크 · 72

무모한 외출 · 74

자두나무 · 77

폐타이어 · 78

떼창 · 80

경칩 · 82

벚꽃 · 83

백담사 오르다 · 84

내장에 물들다 · 86

당신 · 88

제4부

달맞이꽃 · 91

난청 · 92

떠났다 · 94

몸을 깨우다 · 96

화부(火夫) · 98

양파 · 100

거리를 복사하다 · 102

슬픈 자의 식사법 · 104

민들레 · 106

모과를 자르다 · 107

꽃의 지도 · 108

허물어지는 것에 대하여 · 110

풍장 · 112

해설 슬픔을 창조성으로 바꾸는 시적 전략 · 113
　　　백인덕(시인)

제1부

책장

유리문을 통과한 빛이
활자 크기로 재단되어 책 속으로 잠입했다
빛바랜 표지를 들추자
삼국지의 용맹도 대를 물리던 국어사전도 얼룩을 물고 있다
우수수 흩어질 것 같은 문장들,
여름 지나고 가을도 지났다
가끔 들른 구름과 대륙을 건너온 먼지를 기록하는지 누렇게 비석기렸다
그 많은 활자를 먹고도 살이 오르지 않은 책벌레는
여전히 책을 탐했지만
별책부록처럼 겉도는 짧은 지식은 그저 종이에 불과했다
궁지로 밀린 것들의 위험이랄까
크거나 작은 활자들 빛을 동그랗게 말아 쥔 채 낡아갔다
인생의 사원이 되어주던 책장에 기대앉아
활자들의 원성을 들었다
실타래처럼 엉킨 기호가 소멸을 저장하는 동안
염소가 뜯어먹었을 오후의 햇살을 손으로 가리며
유리문 밖 고즈넉을 읽었다

윷놀이

모 아니면 도만 판 위에 있는 건 아니다
개도 있고 걸도 있다
잡히고 잡고
먹히고 먹는,

원하는 판을 짜기 위해 네 개의 윷을 요령껏 비틀고
힘 조절도 해보지만
넘어갈 듯 뒤집히는,
모나 윷보다 개나 걸이 쉽다

모를 던져 답답한 세상 뒤집을 수 있을까
말이 뛰면 다섯 칸이요 소가 뛰면 네 칸이라
한사리에 또 한사리, 이때 한번 뛰어보자

세상사 한사리가 그리 쉬우면 무슨 재미가 있겠나
달리고 달려도 지름길이란 있는 법
빽도도 있고
세쌍둥이 네쌍둥이 업고도 간다

급할수록 돌아가라 했던가
눈앞에서 놓친 고기만 큰 것이 아니다
멍석을 뛰쳐나간 윷가락은 쓸모가 없다

때론,
잠시 소나기를 피하는 게 안전한 길일 수도 있다

촉

5촉 알전구가 흔들렸다
가발공장에서 야근한 언니
싸릿문 여는 소리 나면 마루 끝 전구 비틀어 어둠을 켰다
누렇게 뜬 언니
이불 속에 묻어둔 고봉밥 김치에 둘둘 말아 비우곤 아랫목 파고들면
언니가 벗어놓은 신발을 쇠죽솥 뒤에 나란히 세운 어머니는
별이 됐을 맏이를 올려다보곤 했다
문풍지는 삭풍을 막느라 울었고
아버지 헛기침은 불 끄고 들어오라는 신호였다
수시로 어머니 배는 달을 닮아갔고
솔가지와 숯을 끼워 외로 꼰 금줄이 내걸리곤 했다
숯과 고추가 내걸린 날
야근하고 온 언니 월급봉투만 뺏긴 채 쫓겨나 한이레를 밖으로 돌았다
저 먹을 것은 타고난다는 아버지의 신념을 증명하듯
윗방 퉁구리에 산처럼 쌓인 고구마는 겨울나기 전 바닥을 드러냈고

토방의 고욤 또한 한겨울 햇살보다 짧게 비워졌다
아버지의 몸은 일기예보였고
니코틴으로 찌든 삽은 미꾸라지 몇 마리 퍼 올리곤 했다
소금 뿌리면 온몸의 촉 세워 허연 배 뒤집던 미꾸라지처럼
아버지의 뱃속에도 혹이 자랐고 이내 땅속 깊이 심겨졌다
제 밥그릇보다 동생들 챙기기에 바빴던 언니
가발에 머리 심듯 팍팍하던 삶에도 단풍이 들었고
구순이 된 어머니 5촉 알전구로 흔들린다

산수유

이별도 때가 되면 우화(羽化)가 되는지
소비했던 감정들
꽃이 되어
노랗게 핀다

산수유,
너는 첫사랑이 보낸 첩자다

갈대

수음(手淫) 끝낸 갈대가 안개를 뱉어내기 시작한다
바람이 불 때마다 허리가 눈부시다
물을 쥐고 있던 세월이 바삭 쇠잔해지고
이곳에선 누구도 서로의 체온을 묻지 않는다
기억을 비빌 때마다 묻어나는 세월의 갈증
갈대는 그리하여 온몸이 망각이다
내 안에 바람을 등진 기억들 있는가
새벽녘 가파른 환영 속에서 잠깐 지워졌다 깨어나는 악몽,
안개는 수음을 마치고서야 추억을 말리기 시작한다
물의 곳곳에 눈부신 허리로 버텨온 직립의 날이 서걱인다
바람을 물어뜯고
갈대의 씨앗을 무리가 닿지 않는 곳까지 날려
또 다른 꿍꿍이를 넓히고
그러나 시월이 헐리는 것은 잠깐이었다
물가에 세 들었던 날것들 집을 짓기 시작하고
흑두루미가 들어 올린 다리의 체온만큼
가을이 깊어간다

나무의 귀

새가 운다
흔들리는 나무 안고 목청 돋워 운다
그 울음 받아내느라 날 세운 나무의 귀들
어떤 쪽으로 귀가 열리는지
푸른 잎 어떻게 화음 만드는지
바람의 길 어디로 여는지 사브작사브작 수런댄다

지금은 무뎌진 오후를 상납할 시간

겹겹이 쌓인 생각으로 우는 새 달랠 수 없고
헛딛는 마음으로 흔들리는 나무 잠재울 수 없다
초록 훔쳐 지름길 낼 수 있다면
낮달이 피운 달맞이꽃에 형틀을 매달자

비 오는 날
말수 적어지는 들꽃처럼
더러는,
햇살의 음모에 주리를 틀 때도 있다

나무의 노래는 새들의 눈물

목청껏 울어본 자만이

새 울음 받아내느라 날 세운 나무의 귀를 볼 수 있다

바람에게 물어봐

나무는 왜 쉼 없이 뒤척이는지
초록이 얼마나 허공을 좁혔는지
밤꽃이 초저녁 사립문을 어떻게 단속하는지
바람에게 물어봐

춤추는 꽃과
노래하는 나무와
기척에 놀라 날아오른 새들의 발자국이 어디에 찍히는지
바람에게 물어봐

잎이 몸빛을 바꾸는 것은 태양의 반대편을 보았기 때문이며
나무의 까치발은
바람의 연서를 읽기 위함이냐고
바람에게 물어봐

바람과 바람이 초록을 만들듯
나를 떠메고 가는 무수한 시간은 어떤 빛으로 담금질되는
지

시도 때도 없이 회오리를 만들어
살아도 사는 게 아닌
웃어도 웃는 게 아닌 것으로 만드는 당신의 무례함을
바람에게 물어봐

춘정

밤꽃 필 때도 멀었는데
바람결에
첫사랑 냄새가 난다

두리번거리다
헐,

찔레꽃 살모사를 품고 있다
요염도 하다

라일락

봄날 잃었던 길을
꽃 속에서 찾는다

나는 낡았고
꽃은 무성하다

한 사람이
저 안에 있다

뿌리에 관하여

턱을 괴는 날이 많아졌다
무시로 흔들리는 호흡은
우기를 건너와 문지방에 핀 꽃처럼 푸르렀고
눅눅한 오후는 발 디딜 곳을 찾아 헤맸다

제멋대로 피어
저리 환하게 웃어도 소리 나지 않는 꽃도
시들지 않고서는 열매가 될 수 없음을,

뿌리 없는 뿌리가 흔들렸다
흔들리는 건 과거의 확신이 미래의 불안이 되는 것
그래도, 뿌리를 내리고 싶었다

몇 년 만에 휘어지도록 체리를 매달았던 나무가
생의 단 한 번 뜨겁게 허공을 밝히고는
이내 말라 죽은,
알 수 없는 혼돈은
개똥철학의 미학도 그 무엇이 되지 못했다

저 철새도
허공에 뿌리를 심어야 돌아올 수 있고
나의 흔들림 또한 불협과 화해해야 옹이가 될 수 있음을
비 온 뒤 풀섶에 걸친 거미줄에서 읽는다

저무는 지금
빈 마음에 헛된 그리움만 박히는 건
오래전 사람이 내린 뿌리 때문일 게다

규화목과 마주하다

간월산에 올라 원시와 마주한다
땅속에 잠자던 시간이 세상 밖으로 올라와
빛과 바람의 길을 낸다
깊이를 알 수 없는 시간이, 시간의 무늬를 만들고
어깨를 잇댄 능선이 구름과 한바탕 질펀하다
멈춘 듯 진화하는 바위와
어느 한곳 모나지 않게 다듬는 바람의 석공들
부활을 꿈꿨을까
원시가 강을 내고
공룡의 숨결이 바위를 움켜쥔 채 침묵하는 동안
간월산이 키워낸 이력들 규화목에 새겨지고 있다
침엽은 산의 전설과 전설을 깁고
억새가 푸름과 누런 잎을 덧대어 입은 그 길
오솔길
푸르게 서성이는 내 생각을 정오의 숲으로 옮기고
규화목, 간월산을 피워 물고 있다

봄비

꽃의 중력으로 곤두박질하는 물방울들
동글게 말아 쥐다가
툭,

산수유꽃이 나무를 감추었는지
그 투명함 속에 나무의 속살 박혀 있다

단단한 옹이에
초록들 웅크려 있다

푸른 부리
— 맨발

얼음 위 물오리
푸른 부리 겨드랑이에 녹이고 있다
발도 잔뜩 웅크려 멀리서 보면 얼음에 박힌 돌 같다
날아오르며 물갈퀴를 깃털에 숨기는 것은
맨발을 들키기 싫어서일 게다

오리 떠난 저수지에 물수제비 날린다
거침없이 내달린다
물들의 지렛대가 얼음이라는 것을, 푸른 부리인 것을
겨울 저수지에서 본다

물밑에 뿌리내린 갈대 홀로 우는 시간
붉게 물들던 하늘이 슬몃 들러 가는 것도
푸른 부리가 저묾을 물고 오기 때문이다

굴뚝에서 피어오른 연기도
새소리 바람 소리 훌훌 벗어놓고 맨발이다

푸른 부리가,
언 발이 하늘에 올라
달이 되고 별이 된다는 그 말씀

멀리 별똥별 쏟아진다

춘분

꽃의 공터로 햇살 몰려든다
저벅저벅,
밟힌 망울들 제 몸을 연다
햇살이 깊을수록
봄은 농익는다
나무의 굳은살이 옹이이듯
꽃의 굳은살은 열매다

제2부

문득, 이라는 인생

시절을 당기느라 좀 더 수런거려도 좋다
갓길의 풀씨들
아무렇게나 튕겨져도 좋다
녹음이 짙어지면 풀들은 장지를 찾는다는 걸 알아채는 동안
인생 절반이 흘렀다
구애하는 새와
반사경에 보이는 내 옆모습이 한통속인 것 같은,
굽은 것이 만든 커브는 은밀하고
모퉁이는 어귀를 돌아야 속내를 알 수 있다
은사시나무의 떨림만으로 바람이 지나는 길목을 알 수 없듯
수많은 과오를 뒤척여야 인생은 완성된다
엎질러진 기억과 푸른 통증이 없으면 그냥 지나칠 순간들
길을 걷다 멈춰서니
붉게 물든 내가
거기, 있다

베짱이로 살기로 했다

개구리 소리를 끌어다 덮는다
이리저리 뒤척여 소리를 옮겨보지만
잠은 오지 않고 개구리 울음만 가득 고인다
정원을 뛰쳐나와 벽 타고 오르는 초록의 노래들
한 놈이 시작하면 떼창이 되고
한바탕 놀고 나면 잠시 쉰다

며칠 전 이사를 했다
4층에서 11층 오르는 데 서른 해 걸렸다
층계는 높았다
숨이 턱까지 차는 날이 많았다
알에서 깨어난 올챙이가 앞다리가 쑥, 뒷다리가 쑥 개구리 되기까지
수시로 무너지는 신념에 푸념 반 다짐 반
장롱이 방에 들어가지 않아 처마 끝에 놓던 일이며
젖은 새 운동화를 벌건 연탄불 위에 올려놓던 아이,
개구리가 안전한 거처를 찾기까지 애면글면 숱한 날이 치받쳤다

개굴개굴개굴 노래가
잘살았어잘살았어잘살았어 푸른 격려 같아 턱을 괸다
달빛에 비친 날들이 환하게 핀다

이제 베짱이로 살기로 했다

자화상

나를 찍는다
들떠 있던 며칠간의 행적에
살짝만 벗겨도 뜯길 소리의 각도를 찍는다
몇 치수 늘어난 벨트와 소화되지 못한 오해가 속속 들어찬다
렌즈 깊숙이 들여다본,
이별의 깊이만큼 저장된 사연 눅눅하다

내 몸 구석구석
열매가 되지 못한 채 피고 지던 향기와
폐부 깊숙이 우글대던 갈증이 고스란히 찍혀 있다
그를 만나
고뇌에 턱을 괴고 때론 바람에게 길을 묻기도 하던,
좀처럼 여과되지 않는 흔적을 인화한다

초파일 연등처럼 흔들리던
갓 구워낸 빵 냄새가 나면 사랑의 유혹에 빠진다는,
우리가 이별하지 않은 한

다음은 오지 않을 거라는 말이 묻어난다
암실에선 무책임한 사랑을 소환해서는 위험하다
과오로 남겨진 흔적과
아물지 않는 상처는 묻어두는 게 상책이다

무심히 치닫는 회상은
허허, 벌판이다

전원일기

태양을 주렁주렁 매단 나무
알이 굵어질수록
휘어지는 어깨 단속하느라 자꾸 빨개집니다
직박구리가 헤집은,
바닥에 닿을 듯 잘 익은 사과를 궤짝에 담습니다
풋사과에 종이의 집 입히며 했던 주문을
기억했나 봅니다

새보다 먼저 일어나
과수와 인사하고 채마밭에 인기척 내는 법을 배웁니다
토란 위 물방울 데구르 데구르 햇살 굴리고
청개구리는 잠시 휴식에 들어도 좋습니다
노랗게 쏟아진 감꽃 실에 꿰어 감나무에 걸어주고
닭장에서 슬쩍해 온 계란 서너 알 풀어 뚝배기에 앉칩니다
줄기만 무성하던 고구마며 씨앗도 못 챙긴 옥수수
백일홍도 한몫했습니다

사과 한입 깨물자

달콤한 햇살과 아삭한 바람과 소나기 같은 새콤함을 왈칵 쏟아냅니다
　달의 절기처럼 넘겨지던 날이 입 안에 고입니다
　이사 온 뒤 세 살 된 사과나무
　축 쳐졌던 팔 번쩍 들어 올립니다
　두엄 두어 포대 내고 등걸을 입혀야겠습니다

　그나저나 땡감 같은 자식 농사는
　언제 붉게 익을지 모르겠습니다

쓸쓸함에 대하여

꽃이 흔들리는 건
홀로 피어
쓸쓸히 지는 것이 두려워서다

별도 스민 새벽녘
뒤척이는 건
절반의 생을 사랑하고도 등 시린
그 쓸쓸함을 위로하는
춤사위다

사랑은 이율배반이며
절대고독이다

너도바람꽃

빈속에 털어 넣은 소주처럼 온몸에 번지는

밤새 쌓인 눈에 취하듯

술잔에 기대지 않아도 되는

사랑할 수 있다면 너도바람꽃

눈을 뚫고 피는

시려서 아름다운

흔들려야 사랑 되고

아파야 꽃이 되는

나도바람꽃

길

오래전 한 사람을 만났다
세상의 모든 신비가 중력에 의해 익어가고 떨어진다는 것을 알기 전
그를 만났다

내가 바뀌기 시작한 건 그를 만나면서다
사과는 오후가 되면서 붉기 시작했고
오솔길이 여름 해를 얼마나 빨리 서녘으로 밀어내는지도
그를 만나면서 알게 되었다
소나기의 달음박질보다 빠르게 적셔지는 법을,
저녁 이슬의 행방을 편지로 고백하는 게 얼마나 고단한 역사인지도
그를 만나고 알게 되었다
구름이 도시에 머물면서 그 침침한 사연을 밤새 따르곤
비우는 까닭도, 그게 팔월이기 때문이었을 것이다

그는 오래전 사라진 거인의 길을 추측이라도 하듯
서쪽을 향해 늙었고 길은 어쩌면 그였는지도 모른다

인생,
하나의 바위가 말씀의 화석이 되기 전
하나의 말씀이 바위가 되기 전 나는 늙어야 한다

과도를 들어 칼 자리가 잘 잡히는 않는 사과 표면을 내리쳐
인연의 깊이를 짐작해본다

캥거루, 족

새끼가 나올 때가 됐다
육아낭을 혀로 핥아 청소한다
하나는 뱃속에 또 하나는 옆에 끼고서 먹이를 찾는다
건기가 되고 열기가 더해질수록
천적을 조심해야 하는 건 캥거루도 마찬가지다
울타리 안은 안전할 거라는 착각은 무너지곤 해,
어미의 귀는 열려 있다

해와 달이 바뀌고
육아낭을 벗어나 떠날 때가 됐다
무리와 어울리고
숲에서 살아가는 법을 익혔지만
어미 품에 파고들어 쪼그라든 젖꼭지만 빤다

얼마나 품어야 떼어낼 수 있는가
호기심이 숲의 어디쯤을 누벼야 홀로 설 수 있을까
손톱 밑 가시처럼 욱신거리는 게 새끼다

어미 등에 빨대 꽂은 캥거루, 족
눈을 돌리니 내 옆에 있다

기타 치는 남자

기타로 하루를 연다
수시로 찾아드는 새소리며
건너편 숲을 들렀다 나오는 검은 개가 관객이다
물안개를 날려 보낸 저수지 팽팽해진 햇살 끌어당기고
풀잎에 매달렸던 이슬
사내의 기타 소리에 가볍게 튕겨진다
물가에서 물의 리듬을 사소하게 보아서는 안 된다
앞선 주름이 뒤를 당기고 뒤의 물결이 앞을 튕기며 완성되
는 소리들
여섯 개의 줄에 잡히지 않는 소리들로
저수지를 서성이는 시간이 길어졌고
소읍으로 나가는 오솔길 어디쯤에서 그는 소리를 부화했다
물살을 이끌고 오는 민들레 씨앗과
부화를 미룬 바람은 깔깔대며 숲을 뛰어다녔다
굵고 묵직한 미루나무는 저음으로
침엽수 가느다란 잎은 찢어진 소리를 기웠다
햇살에 찔리기라도 한 듯 손가락을 튕기고
소나기에 달아나듯 소리를 긁어낸다

물결처럼 일렁이고 안개처럼 고요하다

턱수염 덥수룩한 그가 소리를 낳고 소리를 키운다

바통을 넘기다

허공 흔드는 새떼의 함성을 들었는가
저 새들이 떠메고 가는 소리가 어디를 향하는지
빈 들 오종종 떨고 있는
나락 끄트럭들은 읽고 있는가
바람의 옆구리에 끼어들어 골목을 뛰어다니는 지난한 낙엽들은 듣고 있는가
잎이 뿌리로 바통 넘기는 소리를

지금이 아니면 안 될 것 같던 순간도
세월의 어귀에서 욱신거리는 통증도
기억과 망각으로
바통을 넘기며 옮겨가는 것

바람이 크게 울 때
숲은 몸통 흔들어 길 내어주듯
그녀가 숨죽여 울던 그 밤
안개 깔린 창밖은 고요히 젖고 있었으리

허공에 흔적 지우며 떠나가는 새들처럼
한 생이 다른 생에게 바통을 넘기고 있다

숲에 들다

나무에 스미는 빛이 얼마나 고운지
지상 끝 새가 붉은 부리 오물거리며 어떻게 노래하는지
숲에 들어본 사람은 안다

숲과 숲의 일정 조율하는 능선과
겹겹의 시간 다듬는 나이테를 숲에 사는 것들은 안다
산이 허락해준 곳에 사람의 길도 있음을
기암괴석 오르며 배운다

나무가 게워내는 초록과
빼곡히 번져 수백의 세월을 물고 있는 이끼들,
누군가 쌓아올린 돌탑이
숲의 내력을 어떻게 기록할 것인지
들꽃들 낮게 흔들린다

향기는 먹을 때보다 느낄 때 제격이라고
산 안개가 거친 숨 삼킬 때까지
나무에 걸터앉은 고요가 또 다른 고요에게 수런거릴 때까지

내 산행은 푸른 신호를 만난 듯 산중으로 향한다

숲의 경전을 펼친다
내 머릿속 헤아릴 수 없는 깊이에 돛을 달아줄 수 있는지
태양이 넘기는 페이지들과 숲이 길러내는 사유를 읽어낼 수 있는지
나무의 활자들 속에서 찾는다

파도를 밟다

바다를 걷는 건
붉게 물든 물의 방향을 밟아가는 일
고독 가까이 밀려온 노을을 밟고 서걱서걱
그리움의 끝까지 걸어보는 일
익숙한 통증이 지느러미처럼 빠져나가는 것을
우두커니 새겨보는 것이다

나는 무엇을 꿈꿨는가
희미해졌던 기억이 되살아나는 건
밤의 입구에 이르렀기 때문만은 아니다
생의 중반 나를 쫓아온 바다도 푸석한 파도만 건네줄 뿐
더는 되살아나지 않는 삶의 본능들
폭풍 같은 삶의 한때와 해후하고 싶었음일까
그리움이 발자국을 남기며 사라지고 있다

바다 앞에 서서
 물속을 들여다보는 것은 수취인 불명의 연서를 띄우는 일과 같다

꽉 찬 어둠이 파도와 대칭을 이루는 시간
파도에 밀쳐진 바다는 뭍 저쪽보다 서둘러 어둠을 받아내고
그리움은 물의 방향을 밟아간다

나는
몸속 노을을 지우듯 바다를 등진다

섬을 걷다

파도처럼 쏟아지는 초록 흔들리는 소리
물러섰다 다가서고 다가섰다 물러서는 것이 영락없는 물결이다
바다를 품고
해안선 당겼다 놓는 사이
섬은 어깨를 내주며 동그랗게 파도를 만든다

섬의 옆구리를 끼고 걷는다
앞서가듯 길을 내주던 동박새 샛길로 접어들고
툭, 동백 목을 꺾는다
붉디붉은,
얼마나 견뎌야 목을 꺾을 수 있을까
바람이 짠맛에 길들여지기까지
바다가 제 몸 궁굴려 해옥을 만들 때까지
동백은 수없이 꺾고 또 꺾였으리

동백에 기대본 사람은 안다
직립의 날짜에 꽃이 있고 태양의 일정이 있듯

사랑도 지극하면 꽃이 되느니

검붉게 터지느니

내딛는 마음이 적요다

소금꽃

바다의 꽃이 흰색이라는 걸 소금밭에서 본다
어깨까지 내려온 머리 질끈 동여맨 그녀가 하루치 노역을 밀고 간다
그녀의 세상은 소금밭이 전부다
스물 무렵부터 피우기 시작한 소금꽃을 지금도 피워낸다
바다에 저당 잡힌 어미가
소금꽃으로 피어날 거라는 신념이 그녀를 묶어 놓았다

소금꽃은 그리움이다
그녀의 눈물이, 땀이 짜디짠 결정체로 완성되는 동안
태양의 담금질도
구름의 장난도 하얗게 증발하는 어미의 형상만큼 따갑지는 않았다
소금보다 짠 눈물이 그녀를 키웠다

물꼬를 열고
소금의 씨앗을 가두고 일용할 양식을 얻는 동안
짠내 나는 가을이 수차례 지났다

바람길 놓치면 소금꽃 피울 수 없음을 알기에
마르지 않는 눈물이 그녀의 몸 안에 으적으적 피었다

슬픔이 졸아들면 천형이 된다는 것을
그리움이 그리움을 담금질해 소금꽃이 핀다는 것을
그녀는 이미 알고 있다

나무의 생각

옷을 벗었어
처음엔 천천히 시작했지
벗지 않으려 앙탈 부렸지만 내 의지와는 상관없었어
내 순수의 빛을 빼앗고 붉게 물들이기 시작했어
볕은 짧아지고 나른해지는 거야
바람이 달려들어 옷을 빼앗아갔어
마지막 한 잎까지,
타인들은 숨 고르기 하는 중이라고 했어
내 단단한 힘줄은 허공을 움켜쥐었고 잎은 발등을 덮었어
새의 노래가 더 차갑게 들렸지
폭설이 내렸어 하얀 이불이 나를 감쌌지
휘청거렸지만 동화 속 나라처럼 황홀했어
겨울을 집던 소나무 팔이 부러졌어
사방에서 비명 소리가 들렸지
까치발로 넘겨다본 풍경은 아찔했어
내 안도의 숨이 들킬까 봐
가만가만 푸른 잎을 가두었어
다시 옷을 꺼내 입는 날까지,

제3부

키

지근지근 밟아 쏟아낸 팥을 키질한다
널뛰듯 까부는 키 안에서 걸러지는 쭉정이와 알맹이
농익은 햇살과 벌레 먹은 농경을 반출하고
동짓날 바람벽에 뿌려질
부적 같은 누란의 사연을 끌어 모은다
바람이 훈수를 들고
액을 몰아낸다는 팥의 기운은 숨죽여도 좋다
팔 안쪽 새알심 같은 근육의 힘으로 키를 까분다
잘난 놈은 키 안쪽 떡하니 힘주기에 들어가고
죽도 밥도 아닌 것들 덤불에 섞여 두엄으로 밀려난다
어머니가 했던 것처럼
키를 흔들어 팥꼬투리를 골라낸다
걸러내지 못한 몇 개의 공상과
자줏빛 변명을 키 밖으로 던지며
농경의 가장자리로 물러앉은 어머니를 생각한다

콩밥

콩밥은 농경이다
흰쌀에 서리태 넣고 갓 지은 고슬고슬한 밥
무쇠솥에 쌀 안치고
생솔가지 뚝뚝 분질러 불 지피면
활활 타는 불길에 눈물 흘리던 가마솥보다 먼저 훌쩍이던 어머니
밥물 끓어 넘치면 불 빼서 찌개 솥으로 옮긴 후
무생채 뚝딱 버무리고
구수한 밥 냄새 진동하면 찬물 한 바가지 가마솥 뚜껑에 끼얹어 뜸 들였다

뜨끈뜨끈한 밥은 함지박에
동태찌개는 양동이에
머리에 이고 들고 들밥 내가던 어머니
두 해 터울로 생산하는 자식 덕에 꺼질 날 없는
불룩한 배가 앞서곤 했다

'바람, 바람 고얀 바람아

보릿고개 지나 좋은 시절 다 헤집고 내 무릎에 내 허리에 든 바람아
삐걱대는 세월에 네 소리 요란하다'

논 끝자락 큰 바위에 밥과 막걸리 먼저 올리고
일꾼들 배불리 먹이고 돌아온 들밥은
앞집 종희네 뒷집 광태네를 불러 늦은 점심을 나눴다

동생 보느라 학교는 빠졌지만
쌀밥을 먹을 수 있는 유일한 날들 중 하나인 날
마늘잎에 건새우
대가리만 남은 동태찌개
가마솥에서 보름달처럼 일어서는 누룽지까지,
콩밥은 유년의 징검다리다

보리밭

혼자서는 찾아갈 수 없었습니다
마을의 가난을 아는 까마귀들이 가르쳐주지 않고서는
한낮에도 침침한 곳
누군가는 문둥이를 보았다 했고
배를 불리지 못한 두려움은 이내 깜부기가 되곤 했습니다
생각이 머무는 동안은 한 줄기 바람마저도
그곳을 꺼리곤 했습니다
보리밭으로 향하는 길은 왜 그리도 까끌거렸을까요
어느 햇살이나 그곳에 들어가면
다시는 서러움을 씻지 못한다는 것을 알았는지
하루 내내 누런 숨바꼭질만 즐겼는지도 모릅니다
그곳을 둘러 나온 바람만이 해묵은 소문을 퍼트릴 뿐
어떤 사랑도 어떤 배고픔도 밝혀지지 않았습니다
담장을 넘어온 살구꽃이 진저리를 치고
태양이 시큼하게 익어가는 유월
보리밭의 슬픔도 이젠 전설이 되었지만
내 그리움의 문서는 아직도 그곳에 있나 봅니다
월남전에서 망가진 사촌오빠와 그 안의 환청이

누런 이삭들 사이에서 경중경중 익어갈 테고
이젠 누구도 들어주는 이 없어
밭고랑까지 나온 노래 하나가 수줍게 서성일 것 같은 유월의 그 안,
아카시 꽃 뒤 무른 바람을 함뿍 머금는
혼자서는 찾아갈 수 없는 그 밭을 나는 압니다

봄을 뜯다

감자 싹을 뜯어낸다
어떤 감자는 눈마다 싹을 틔웠고 더러는 숨고르기 중이다
물 한 모금 햇살 한 줌 없이도
노란 상자의 구멍마다 과오를 전하는 것들을 본다
절차도 없이 씨앗 만드느라 푹 꺼졌다

푸념을 뜯어낸다
푸념을 뜯는 것은 지난 계절의 게으름을 벗는 것이며
성질 급한 것의 뿌리를 뽑는 일이다
하지 무렵
감자밭에 쏟아지는 태양은 보랏빛이었다
두둑을 헐면 보랏빛 젖줄을 문 주먹만 한 알들이 박혀 있고
두렁에 널린 감자들
노란 상자에 담겨 창고 안에 갇혔다

감자 순을 떼어낸다
음지의 태양을 뜯고 웃자란 계절을 손질한다
그 능청스러움 속엔

방치되거나 숨어들기에 좋은 나의 권태도 묻어 있다
윤기가 빠질수록 아집만 키우는
내가 거기 있다

울음의 곡선

울음은 곡선이다
직선도 뿔 삼각형도 아닌,
휘어야 부러지지 않고 둥글어야 모나지 않는다

그녀가 그랬다
담쟁이처럼 벽에 붙어 울었다
담장을 기어오르는 슬픔이 마디마디 자랐다
이별의 뿌리가 푸르게 푸르게 마디를 늘였다

마지막 눈물마저 쥐어짜고서야
울음이 둥글어졌다
작은 슬픔이 더 큰 슬픔을 밀어 올리며
푸른 더듬이가 생겼다

푸른 목젖에
붉은 달이 떠올랐다

꽃의 몰락

꽃에서 꽃으로 펼쳐지는 봄날도
향기를 잃으면 궁벽이다

사랑 없인 궁벽도 없다

꽃에서
기억을 꺼내면 생각이 흔들렸다

꽃의 몰락이다

스트라이크

　까치가 마수걸이 한
　감나무에 올라탄 그가 잘 익은 감을 따서 던진다
　제 안의 계절을 투하하듯 수직으로 낙하하는,
　바람의 배트를 피해
　살얼음 든 태양을 비켜 내 손 안으로 스트라이크
　태양이 감의 동쪽만 비추지는 않았겠지만 반대쪽 꼭지는 설익거나 푸르뎅뎅하다
　그렇다고
　내가 설익거나 가을이 물컹한 건 아니다
　거푸 던지는 감을 받아내며 그때를 생각한다

　수북이 쌓인 야구장갑이 완성될수록 오른쪽 어깨 통증은 더했다 가죽 끈이 장갑의 홀들을 통과하는 힘은 감이 지상으로 낙하하는 속도였다 끝이 뾰족한 가죽 끈을 당겨 손가락 마디마디 뚫린 구멍을 바느질하면 납작했던 가죽은 장갑이 되고 하루치의 일용할 양식이 되곤 했다 7번 선수의 홈런에는 관심이 없었고 야구장의 함성을 떠올리지도 않았다 다만 빡빡하게 들어가는 바늘귀로 구멍을 메꿔 매듭이 터지지 않도

록 단단히 잡아매는 일에 전념했을 뿐이다 땡감 같던 서른의 날들,

    하늘이 붉도록 열린 감을
    가지와 가지 사이에 다리를 끼운 그가 던진다
    수신호를 잘못 읽거나
    바람의 방망이질에 튕겨 나간 건 파울이다
    타자와 투수가 교체되듯 해거리로 속도 조절하는 나무
    마지막 볼은 남겨달라고 가지를 살짝 추켜올리는,

    그가 던지고 내가 받아내는
    인생은 홈런이거나 스트라이크다

무모한 외출

민달팽이는 억새꽃 핀 세상이 궁금했네
이슬 촉촉이 내린 아침 민달팽이는 외출을 결심했네
궁리 끝에 덩치 큰 지렁이를 꼬드겼지
둘은 세상 구경을 나섰네
널찍하게 포장된 길과 무시무시한 운동기구들
벤치에 앉아 저수지 풍경을 즐기는 나무도 평온해 보였네
특히 자전거를 경계해야겠다고 생각했지
바퀴 달린 것들은 위험하다고

과실 훼손 방지를 위해 출입을 금한다는 현수막을 가로질러 길로 나섰지
초행이라 용기가 필요했네
망설이는 지렁이를 설득하는 데 조금 지체되긴 했지만
두리번거리기 좋은 세상이었네
힐끔힐끔, 뿔을 세웠지
나무를 버린 빛바랜 잎이 시비를 걸기도 하고
바람을 흔들던 억새가 울기도 했지만 개의치 않았네

중천에 뜬 해가 우릴 습격했네 등이 따끔거렸네
온 길을 되돌리기엔 너무 멀리 왔고
시멘트 길은 끝이 보이질 않았네
지렁이도 속도를 내지 못했지
타들어 가는 몸을 감당할 수 없었네
몸에서 수분이 빠져나갔지
살려달라고 몸부림쳤지만 누구도 도와주지 않았네

태양은 남아 있는 한 방울 물기조차 빼앗았고
우리는 서서히 말라갔네
달팽이가 무거운 집을 지고 다닐 때 조롱했던 것을
처음으로 후회했네
달팽이는 집이 있는데 나는 왜 집이 없을까
호기롭게 세웠던 뿔은 흔들렸네
말라비틀어진 지렁이가 마지막 몸부림을 쳤네
모두가 나 때문이었네

사람들은 우리의 터전에 공원을 만들었다네

땅을 파고 나무를 심고 야단법석이었지
피켓 들 형편도 못 되는 우리는 속수무책으로 당했네
대부분은 좀 더 안전한 곳으로 숨어들었지만
동심원 밖의 호기심이 끝내 화를 불렀네
지렁이처럼 말라죽을 상상을 하는 건 끔찍하지만
나도 곧 지렁이를 따라가게 될 거라네

자두나무

자두나무가 운다
진한 진액 쏟아내며 운다
해를 거듭할수록 울음도 커졌지만
하얀 꽃 피고 아기 주먹만 한 열매 맺는다
천연두를 앓아 울퉁불퉁한 얼굴에
화장품 덧칠하던 그녀처럼
푸른 잎으로 가리고 눈물 받아먹는 자두
진딧물이 기웃대고
유리나방에 수액 파 먹혀도 자두는 익는다
얼마나 몸부림을 쳤는지
열매마다 눈물 도장 찍혔다

속이 썩어도
괜찮다 나는 괜찮다
환하게 웃던
아버지의 전생은 자두나무였나 보다

페타이어

분꽃 피었다
예전 사람들은 꽃이 잎을 열 때 보리쌀을 안쳤다지
꽃의 나팔 소리 들었을까
콩알보다 작은 씨앗이 내게로 와
푸른 잎 틔우며 깨울 땐 정말이지, 성가셨다
분꽃이 자라면서
바람이 기웃대고 햇살이 놀다 가곤 했다
빗물이 고였다 마르면 살갗이 터지기도 했지만
버려지고서야 꽃의 집이 되었다

운이 좋은 친구는 라이언 조각상이 되고
상어가 되어 몸값을 자랑했고
블루투스 스피커가 되어 노래를 담아내며 새롭게 태어났지만,
분꽃이 나팔 울리며
오후의 태양을 서쪽으로 넘길 수 있도록
내 어깨에서 쉬는 호랑나비가 놀라지 않도록
천천히

아주 천천히 소멸하고 있다

꽃들 내 안에서 환하다

떼창

새가 떼창하는 아침
같은 노래가, 같은 외침이
때론 즐겁고 때론 시끄럽다

누군가의 아침을 위하여 저토록 노래한 적 있는가

등 돌리고 자는 굽은 등 바라본다
바람 불면 바람 따라
눈 내리면 눈길 걸으며 건너왔지만
좀처럼 좁혀지지 않는,
같이 밥을 먹고 잠을 자고 투닥거리며 이순(耳順)이 되었다

더듬이 세우고
내 손톱 밑 욱신거리는 가시는 살펴도 곪아가는 그 속은 외면한 날들
통점이 되는 사사로운 말이 우글댄다

뭉툭해진 손이 짠하다

저 손에 반평생 먹고 살았다
그가 좋아하는 아욱국 끓여 볼까

울음은 울음으로, 소리는 소리로 비행할 뿐
새들은 뒤돌아보지 않는다

경칩

봄이 건축되고 있다
쌓아놓은 자재 밑에도 봄이 빼곡하다
기중기가 봄을 들어 올려도
굴삭기가 봄을 퍼 날라도
봇물 터지듯 번지는 봄을 막을 수 없다

봄의 뼈대를 세우는 것이 빗줄기임을
경칩이 지나서야 알았다

벚꽃

벚꽃 흐드러진 날 만났다
슬픈 눈의 그는
달이 피운 꽃이라 했다
적막이 깊어서 꽃이 환했다
꽃 더미로 달빛이 고였다

꽃 지고
푸른 잎이 흔들렸다
새와 바람이 노래하고 작은 버찌를 매달았다
그가 떠났다
휠체어에 기대 살아낸 생의 절반을 곧추세우듯
벚꽃나무 아래 심겨졌다
그늘이 흘러내렸다

백담사 오르다

물을 거슬러 산사에 오른다
이곳의 명물은 물소리다 아니 나만의 명물이다
물들의 교차로,
설악의 물이 왜 이곳에 와서
서로의 지조와 풍상을 겨루는지는 몰라도
그 계곡물 백담사의 주문을 이끌고
바위를 넘고 나무를 건너 마을로 탁발을 간다
세파에 칭칭 감겨 흩어진 상처
솔잎으로 깁고 기우며 어깨동무 하고 간다

물의 내막 더듬다 내 안의 물줄기를 떠올려본다
방금 전의 화해가 물거품 되고
몇 걸음 전의 연민이 야속함이 되는
쉬이 풀리지 않는 번뇌의 갈래가 폭포로 쏟아진다

아닐 게다
저토록 요란하게 흔들리는 건
물의 천성만은 아닐 게다

서로를 끌어안고서 흘러도 닳지 않는 어떤 운명,

첩첩산중 내려와
바위를 깎고 세월의 모서리 궁굴리며
마르지 않는 전설에 젖줄을 물리는 저 물길들
계곡에 녹아들었을 풍경 소리와 세상의 선악이
바다에 이르러 하나가 되는 동안
백담사 오르는 어귀엔 물들의 샅바 움켜지는 소리 요란하다
굽이굽이 몰아치는 수행이 있다

내장에 물들다

나뭇잎이 허공의 무게를 비우고 있다
기암 괴봉이 말굽 모양을 이룬 내장산
앞서 오르는 무리들과
내 안의 잎들 수런거리는 소리 듣는다
새가 되거나 바람이 되지 못한 고뇌 붉게 물들이며
가을의 전설 속으로 든다

만추의 잎들에겐
함부로 누설할 수 없는 붉음의 원죄가 있고
어느 순간 독백으로도 벗어날 수 없는 붉은 혐의가 있다

천년을 거슬러 백제의 흥망을 예언했을
내장사 독경 소리 헐렁해진 마음 물들이고
철 따라 다른 빛깔 하류로 흘렸을 골짜기 물들
단풍잎 몇 장 싣고 상류의 사연을 섬진강으로 전송하는 동안에도
나무가 지상의 무게를 비운다

잎을 물들이지 않고는 물빛이 붉어질 수 없고
곁 잎의 수런거림만으론 서로의 깊이를 짐작할 수 없다
이제 뿌리와 내통할 허공은 없어졌다
씨앗을 날리며 나무가 썼을 붉은 묵시록도
먼 산처럼 다가와 붉게 충혈되던 그리움도 이 숲을 통과할 것이다

내장산,
시월의 가슴속엔 붉음의 원죄 밝히는 경전이 있다

당신

저수지가 딱딱해졌어요
그 많던 오리는 어디로 갔을까요
꺾인 풀들 아랫도리 말리는 아침
나무 그네에 앉아
한 모금씩 졸아드는 쓸쓸함을 기록해요
결박된 물 위
그 아래의 깊이를 넘겨다보아요
수심보다 깊은 당신을 헤아리는 일은 어려워요
물이 출구를 찾지 못해 얼어붙은 것처럼
고여 있는 당신도 출구를 잃었을까요
물꼬를 틀 수 있다면 물에서 길을 찾을래요
길을 열고 우리의 미래를 찾아볼래요
노래 한 소절에 오금 저리던 시절이 다시 오진 않겠지만
그리움 모로 누이고 동파된 가슴에 물길을 내볼게요
사랑은 수장되고,
행장을 꾸린 것은 당신이 먼저지만요

제4부

달맞이꽃

낮달에 이끌린 달맞이꽃 여인숙으로 들었네
벌건 대낮 꽃 문 열린 달맞이꽃
태양이 따가워 고개를 들 수 없었네
뽀송한 솜털도 몸부림도
순간 몰아닥친 회오리를 피하지 못했네
잠시 쉬어가자는 말 몰랐네
요 위로 꽃잎이 얼룩처럼 번졌네
첫 망울 찢긴 아픔보다 세상 밖이 더 두려웠네
늙은 낮달 허리춤 들썩이며 태양 속으로 숨어들고
남겨진 몇 닢의 지폐 위로 눈물 흘렀네
오관을 떼던 늙은 주인 혀 차는 소리가 천둥보다 컸네
대가리에 피도 안 마른 것이 피박 먼저 썼구먼
몸뚱어리 함부로 굴리면 못써
혹싸리 껍데기만도 못한 놈
달맞이꽃 달래던 바람이
처마 밑 거미줄에 걸려 지분거렸네

난청

보이는 것만 보고
들리는 것만 듣겠다던 어머니 말을 도적맞았다
소리를 빼앗겼다
소리의 바다를 떠도는 소리들 웅웅 경적을 울렸지만
어머니는 귀를 의심하지 않았다
귀를 갉아먹는 도적은 순하디순한 척 소리를 먹고 붕어를 뱉어냈다
세상은 붕어들로 넘쳐났다
어떤 붕어는 웃었고 어떤 붕어는 울었다
도적은 은밀했고 꽃이 피고 지는 속도로 낡아갔다
열매가 농익으면 난청이 될 수 있다던,
귀를 닫고 입만 바라보던 어머니의 결심이 서던 날
두 귀를 막아 소리를 밝혔다
그래프가 수차례 높낮이를 조절하고서야 소리는 말이 되었다
계단을 오르듯 숨차게 올라서는 소리들
돌고 돌아 바람이 된 말들
귀에 단 더듬이가 좌충우돌 주파수를 수집했다

도적과 더듬이의 싸움은 당분간 계속될 것이다

소리를 갉아먹은 도적이 나일지도 모름에
먹먹했다

떠났다

마지막 새들이 갔다
잎도 떨어졌다

떠나는 것은 적요다
시집 한 권 품고 죽은 사내를 둘러싼 국화
더디 넘겨지는 페이지보다 무거운 침묵을 피운다
저승길 시집 한 권 길동무 삼아
앞서거니 뒤서거니
들을 건너고 산 넘으면
행간과 행간 사이 묻어나는 목록들
위안이 될 수 있을까

몇 권의 책과 몇 개의 커피와 사진을 챙겼다
생각이 갇히기 전
나섰다,
분명 마음은 흐르는데 드리운 불안 가시지 않는다
새겨놓은 길 떠돌다
사내의 묘비명 앞에 시집 한 권 던져준다

탁배기 한 사발만도 못한,

마음 놓친 길 위

또 다른 내가 걷고 있다

몸을 깨우다

등뼈를 말아 깊게 숨을 들이마신다
아랫배를 볼록하게 들어 올리고 풍선에 바람 빼듯 갈증을 뱉어낸다
몇 개의 은유와 우울을 이완시키며
내가 원했던 푸른 날들을 갈비뼈까지 당기지만
몸속 깊은 곳으로 숨어든 생의 흔적들

기억이 뻑뻑하다
생각을 폈다 접으며 턱을 당긴다
관절과 관절 근육의 안쪽을 압박한다
거친 호흡이 몰아치는 순간들

먼 과거와 미래의 조상인 나는 어느 시간을 진화해온 부족일까

깍지 낀 생각이 까치발 든다
아기 자세를 하고 어깨를 눌러 태초의 뱃속으로 들어가 불안을 잠재운다

깊게 마시고 길게 뱉어 몸 구석구석을 도모한다

몸에게 말을 거는 건
잘 봐달라는 부탁
그러나 굳어진 것들을 깨우기는 더디다
통증을 가다듬고
척추 마디마디를 늘리듯 몸을 세운다

화부(火夫)

화구에 불이 켜지면
불구덩이에서 혼이 빠져나오도록 세 번을 외치라고 했다
꾸역꾸역 소리를 뱉어내지만
목에 걸린 외침은 속으로 기어들어 갔다
며칠 전 함께 저녁을 먹은 그가
정동진 여행 일정을 잡았다던 그가
죽어서야 체험한다는 1200도의 열기 속으로 들어갔다
스님의 독경이 천상의 문이 열리기를 주문했다
얼마나 지났을까
육신을 벗고 백골이 되어 나타났다
태아나 들어갈 만한 목관에 흰 종이를 깐 화부가
남아 있는 뼈와 조각들을 수습했다
그는 사라지고
깔고 누웠던 생애가 시커멓게 침묵했다
사리를 찾아내듯
재를 쓸어 담는 화부는 지극히 사무적이었다
그가 살아낸 불혹의 흔적과
중앙선을 넘어온 차량과 추돌,

한 사람 몫의 마지막을 완성하는 절차만이 진행됐고
선물상자처럼 잘 포장된 채 아이에게 건네졌다
아비를 품에 앉고 뚜벅뚜벅 걷는 열세 살 뒤를
아비의 어미가 따랐다

양파

양파를 벗긴다
부패된 껍질 속 냄새나는 부위를 도려낸다
질끈 감아버린 눈자위로 달려드는 매콤한 사연 닦아내며
겹겹이 묻어나는 기억을 벗겨낸다
기억들이란 대부분 층의 안쪽에서 풍습을 익히기 마련인가
아버지를 매장하고
등에처럼 진득한 울음 삼키며
대국(大菊) 한 다발로 돌아올 수 없는 계절을 봉인하던,
껍질을 벗길 때마다 층층 허물이 묻어난다
유언처럼 남겨진 말이 퀴퀴하게 썩어가고
말갛게 꺼내놓은 속살엔 이정표도 없다
바람 한 줄기에도 흘러드는 긴장을 눈물로 밀어내며
양파를 벗긴다
얼마 동안의 슬픔과 망각이 나머지의 그리움을 벗기는 건
최소한 하얀 노동일 것이다
아니 슬픈 노동일 것이다
이제 곧 일상으로 되돌려질 무중력의 사연들,
세상의 오후는 더디게 흘러간다

새롭게 드러나는 눈물의 비밀스러운 층 안에서
매움인지 그리움인지 모를 과거가 두 볼을 타고 내린다

거리를 복사하다

  지역난방 열 배관 공사로 분주한 거리
  4차선 중 두 개의 차선을 막고 도로를 파내는 중장비의 요란한 소리와
  공사장 폐기물이 도처에 널려 있다
  노랑머리에 검은 안경을 쓴 포클레인 기사가
  봄의 잔해를 꾹꾹 눌러 덤프트럭에 싣는다
  도로를 파헤친다고 봄 전체가 흔들리는 건 아니지만
  매립을 위한 굵은 관이 텅텅 빈 울음 토해내고
  즐비하게 늘어선 차량의 불평까지 덤으로 퍼 담는다
  모래더미에 밀려 반쯤 기운 목련, 꽃을 피우고
  도로를 침범한 민들레
  주정차 단속에 걸려 스티커를 받는지 노랗게 흔들린다
  넘겨다보던 목련이 수신호로 바람의 행방을 바꾼다
  바람이 거리를 휘감아 돈다
  목련은 어제보다 환한 등을 내걸 것이고
  봄바람에 휘말리면 답이 없다는 것을 알기에
  긴장의 끈을 놓지 않을 것이다
  불편을 드려 죄송하다는 말씀을 물어 나르던 참새도 휴식

에 들고
    임대된 태양을 전송하기 위해 매립되는 관들처럼
    꽃 문을 열기 위해 몰아치는 바람의 기세가 등등하다

슬픈 자의 식사법

고사리 비빔밥을 먹는다
참기름보다 진한 묵직함이
목구멍을 치고 올라오는 것을 막으려
볼이 터지도록 밀어넣는다
목을 틀어막으니
코로 흘러나온 눈물이 밥그릇에 떨어진다

시간을 먹어치운다
눈물을 파먹으면 또 다른 눈물이 쏟아진다

자식 앞세우고
목구멍으로 밥 넘기는 자신이 저주스럽다며
피가 나도록 제 몸을 긁어대던 그녀의
손톱이 몇 깨져 있다

슬픔을 욱여넣는다
길게 넘어가던 고사리가 마침내 목젖을 잡고 늘어진다
꺼이꺼이, 눈물콧물 다 빼고서야 순해진다

창틀을 타고 올라선 능소화가
붉디붉다

민들레

절기를 읽는 건 꽃이 먼저다
그리움으로부터 봄이 열리는 걸까
수수한 듯 화려함이
계절을 초대하기에 제격이다

민들레 필 때 쑥국이 제 맛이라던 어머니
이승의 가장자리로 내려앉아
홀씨로 날아갈 준비를 하신다

어머니,
얼마나 더
봄의 가장자리로 꽃들을 밀어낼 수 있을까

꽃 중 제일은
어머니 볼우물에 핀 꽃이다

모과를 자르다

모과는 언제부터 못생겼을까
못생긴 대가로 그윽함을 분양받았을까

수피의 흰 무늬,
연분홍 다섯 장 꽃잎으로 끌어당겼을 유혹
벌레 품은 흔적이
태양과 바람에 섞여 고스란히 고여 있다

갈색으로 내지르는 향기 손을 적신다
모과나무처럼 천년의 사랑을 꿈꾸지는 않지만
떫고 시큼한 그대여
찻잔에 우려지는 그리움인 양
천천히
천천히,
머물 수는 없나요

꽃의 지도

이동이 시작되었다
태양이 봄을 캐기 시작한 것이다
뿌리로 향했던 물관 마디를 열고
은둔에 들었던 나무 부추겨 꽃을 캐기 시작한다
입덧에 걸려든 미식한 계절풍
울진을 거쳐 봉화로
동백을 끼고 매화로,
바람이 들르는 역마다 펑펑 꽃 터진다
미처 기억을 꺼내지 못한 음지의 가지만이 무료한 오후를 건널 뿐
바람 터질 때마다 번지는 꽃의 지도가 환하다

태양이 햇살을 풀기 시작했다
지하도에 웅크렸던 바람을 공원으로 끌어냈고
하이힐을 뒤따르던 햇살이 이층 장어 뷔페로 들어선다
불판에서 지글지글 타들어 가는 장어 꼬리를 훔치듯
꽃의 지도를 들쓰고
삼월을 훔치는 건 허용된 식욕인가

비릿한 무게로 봄을 캐는 태양의 일정처럼
햇살 한 줌 들지 않던 몸속을 돌아 나온 내 안의 바람은
얼마큼의 풀무질로 생의 지도를 완성할 수 있을까
내 유전자에 섞였을 미량의 태양과 온기
기억이 망각의 두께만큼 물길을 내는 사이
꽃의 속도로 피는 것은 오히려, 태양이다

허물어지는 것에 대하여

예배당이 헐린다
포클레인 묵직한 가위손이 속살 여린 곳부터 파고든다
가위질 할 때마다 잘려지는 것의 비명 날카롭다
떠도는 설교가 옥탑방 열린 문으로 들락거리지만
가위손 또한 성경의 한 구절보다 가볍지 않다
예배당이 무너진다고 설교가 흔들리는 건 아니지만
철근보다 먼저 휘어진 바람 십자가에 매달린다
지난 계절 붉은 아름다움을 동그랗게 말아 쥔 장미 열매는
이 순간을 어떻게 저장할 것이며
내년 얼마나 붉은 하혈을 쏟아낼 것인지,
공사 사흘째다

 내가 나를 허물 때 쓰던 수법처럼 야금야금 그리고 가차 없이,

 이제 이곳은 설교의 거주지가 아니다
 현장을 전송하던 위성안테나도 이젠 없다
 뼈대가 굵게 울었다

그 울음 비집고 벽이 흘러내렸고
살아나는 먼지들
균형 잃은 생각을 풀풀 날렸다
춥지만 땀이 났다
신발 뒷굽에 낀 돌이 걸음을 둥글게 말았다

생각이 헐리면 움직임도 위태롭다

풍장

새들의 무덤은 지상에서 완성된다
날갯죽지 꺾인 채
노란 부리에 햇살 물고서 풍화되고 있다

나무에 세 들어
목청 돋워 초록을 틔웠을,
민들레며 냉이가 새의 죽음을 조문한다

둥글게 말며 몰아치던 바람
마지막 한 방울의 미련까지 거둔다
조팝꽃 하얗게 흔들렸고
내 이마로 햇살 쏟아졌다

갓길은 객사하는 것들의 장지다

해설

슬픔을 창조성으로 바꾸는 시적 전략

백인덕(시인)

삶이 진보하거나, 혹은 최소한 앞으로 나간다고 믿기는 어렵지 않다. 거창한 역사가 아니라 개인사를 되돌아보기만 해도 된다. 우리는 인생이란 마치 숙명처럼, 혹은 운명을 거부하면서 미래를 향해 나아가고 때때로 거기 개입하는 불안은 단지 미래의 불확실성에서 비롯할 뿐이라고 생각한다. 그러나 실제로 우리는 과거만을 지각하며 순수한 현재란 미래를 침식하는 과거의 파악할 수 없는 진전일 뿐이다. 우리가 기억하고, 회상을 통해 감각적으로 되살려올 수 있는 것은 모두 지나간 일들이고 가장 먼 과거는 기원에 닿아 있다. 그 기원은 출발지로 의미가 종결되는 것이 아니라 내면 깊숙이 가라앉은 상처의 표상으로 인생과 더불어 성장한다. 생명이기 때문에 우리의 기원은 필연적으로 분리와 고립(고독)이라는 상처를 내재한다. 세계와 대면하는(갈등하거나 화해하려는) 인식으로 일어서고자 할 때 자아는 언제 어디서나 항상 혼자 시작할 수밖에 없다. 이 홀로서기는 먼저 자기 정체성과 독자성의 확보를 요구한다. 나아가 우리는 자아가 세계의 색인을 파악하기도 전에 무작정 던져진 존재이기 때문에 반드시 어딘가에 뿌리내려야만 한다. 결국, 어디서 무엇을 꿈꾸든 불투명한 미래와 상처로 남은 기원을 동시에 보듬어야 하는 숙명적 존재인 까닭에 우리의 슬픔은 진보와 성장이라는 대가를 치르고 있는 셈이다.

  한인숙 시인은 슬픔의 현상적 정서가 아닌 기원의 드러남을 겨냥한다. 그의 시는 세계에 이미 던져진 존재로서 어쩔 수 없이 자기 기억에 도사리고 있는 슬픔을 끊임없이 현재화하는 다양한 사태를 먼저 보여준다. 가능한 날것 그대로 슬픔을 불러내고자 하는 심리의 이면에는 도대체 어떻게 해볼 수 없는 현실의 난감함이 그대로 들어 있다. 그러나 시인은 이 뼈아픈 재소환을 통해 시간의 무늬로만 켜켜이 쌓인 현실을 언어적 현실로 치환하여 반어(irony)로 작동하는 시적 현실을 구축(構築)한다. 이런 시인의 응전(reaction)은 슬픔의 기원을 시작의 근원, 즉 창조성의 모태로 전환하려는 시인만의 개성적인 방법들을 통해 명확해진다.

시절을 당기느라 좀 더 수런거려도 좋다
갓길의 풀씨들
아무렇게나 튕겨져도 좋다
녹음이 짙어지면 풀들은 장지를 찾는다는 걸 알아채는 동안
인생 절반이 흘렀다
구애하는 새와
반사경에 보이는 내 옆모습이 한통속인 것 같은,
굽은 것이 만든 커브는 은밀하고
모퉁이는 어귀를 돌아야 속내를 알 수 있다
은사시나무의 떨림만으로 바람이 지나는 길목을 알 수 없듯
수많은 과오를 뒤척여야 인생은 완성된다
엎질러진 기억과 푸른 통증이 없으면 그냥 지나칠 순간들
길을 걷다 멈춰서니
붉게 물든 내가
거기, 있다
—「문득, 이라는 인생」 전문

이 작품은 전형적인 고백 시의 양상을 보여준다. "엎질러진 기억과 푸른 통증이 없으면 그냥 지나칠 순간들"이 바로 지

금까지 인생의 모습이었다. 제목의 '문득'은 일차적으로 우연한 계기를 지시한다. "녹음이 짙어지면 풀들은 장지를 찾는다는 걸 알아채는 동안/인생 절반이 흘렀다"라는 깨달음은 '문득' 주어지기도 한다. 마찬가지로 "길을 걷다 멈춰서니/붉게 물든 내가/거기, 있다"라는 자각도 마찬가지다. 하지만 '문득'은 일반적인 믿음처럼 우연의 산물이 아니다. 끊임없이 개입한 내적 필요가 갑자기 표면에 드러날 때, 즉 감춰졌던 원인과 결과가 한눈에 보이는 순간의 다른 이름이 '문득'이다.

우리의 눈은 자기 자신을 보지 못한다. 거울과 같은 보조 도구 없이 나를 보기 위해서는 유사성을 파악해서 닮은 무엇인가를 통해 보아야만 한다. 시인은 '풀'이라는 특별할 것 없는 대상을 비유적 상관물로 삼아 자신의 인생을 생각한다. 풀들의 절정이 곧 쇠락으로 이어지는 것은 자연의 법칙이고 따라서 문득 파악할 수 있는 진리다. 하지만 시인은 여기서 멈추지 않는다. 이 자연적 진리를 바탕으로 "은사시나무의 떨림만으로 바람이 지나는 길목을 알 수 없듯/수많은 과오를 뒤척여야 인생은 완성된다"라는 개념 명제를 끌어낸다. 즉, 풀을 눈여겨본 것처럼 자신의 내적 필요에도 귀를 기울인 것이다.

> 제멋대로 피어
> 저리 환하게 웃어도 소리 나지 않는 꽃도
> 시들지 않고서는 열매가 될 수 없음을,

뿌리 없는 뿌리가 흔들렸다

흔들리는 건 과거의 확신이 미래의 불안이 되는 것

그래도, 뿌리를 내리고 싶었다

(중략)

저 철새도

허공에 뿌리를 심어야 돌아올 수 있고

나의 흔들림 또한 불협과 화해해야 옹이가 될 수 있음을

비 온 뒤 풀섶에 걸친 거미줄에서 읽는다

—「뿌리에 관하여」 부분

 어떤 계기를 형성하는 내적 필요란 시인의 경우에는 '뿌리'에 관한 근심이다. 시의 첫 행을 장식하는 "턱을 괴는 날이 많아졌다"라는 진술은 일상의 습관 변화를 말하는 것이 아니라 "그래도, 뿌리를 내리고 싶었다"라는 바람이 더 커졌다는 의미이다. "시들지 않고서는 열매가 될 수 없음"의 존재지만 '꽃'은 '풀'처럼 확실하게 뿌리내린 상태를 표상한다. 그에 반해 시인은 "과거의 확신이 미래의 불안이 되는", 즉 흔들림을 반복하는 상황일 뿐이다. 물론 "나의 흔들림 또한 불협과 화해해야 옹이가 될 수 있음"을 "풀섶에 걸친 거미줄"에서조차 읽

어낼 수 있으므로, 그 상황에 함몰하지는 않은 것이다.

　시인은 '풀'과 '꽃' 같은 가시적 대상을 통해 '인생의 사원'(「책장」)에서 이루어지는 기도(祈禱)의 한 양식을 본다. 그것은 "아무렇게나 튕겨져도 좋다"라는 '풀'의 번식과 재생을 통한 미래지향이며, "시들지 않고서는 열매가 될 수" 없는 '꽃'의 자기희생을 통한 결실의 숭고함이다. 하지만 시인은 '바람'과 '뿌리 없는 뿌리(허공)' 같은 비가시적 존재를 통해 다른 양식의 기도(企圖)를 완성하려 한다. 그것은 "수많은 과오를 뒤척여야" 하고 "과거의 확신이 미래의 불안이 되는 것"을 굳건히 지켜보며 "불협과 화해해야" 하는 길이다. 이 길은 시인에게 끊임없이 슬픔의 형질을 바꾸라고 요구한다.

　슬픔은 복합 감정이다. 슬픔을 그 자체로 정의하기는 어렵지만, 감정이 일어날 때 반드시 신체적 반응을 동반한다는 점에서 몸의 이상을 예방하는 감정적 소여(所與)로 중요하게 다뤄진다. 기독교 성서에는 슬픔이 웃음보다 낫다는 정의가 들어 있다. 얼굴에 슬픔이 가득할 때, 마음은 더욱 현명해지기 때문이라는 것이다. 같은 의미로 슬픔을 희망보다 높이 평가하기도 한다. 슬픔은 원초적 분리 작용으로 인해 생에 개입되기 때문에 증상으로서 그 해소가 쉽지만, 희망은 문화적 결속에 따라 발생하기 때문에 그 성취가 더디고 힘들다.

　앞에 언급했듯이 이번 시집에서 드러나는 한인숙 시인의 슬픔은 단순히 정서를 표출하는 차원이 아니라 그 근원을 캐고 들어가 언어적 아이러니를 형성하려는 시적 전략이다. 이 전략은 요약하면 두 개의 방향을 갖는다. 하나는 기억을 되살려 거기 깊숙이 감춰진 내용을 떠올리고 그 슬픔으로부터 성장한 지금의 자신을 상상적으로 보여주는 것이고, 다른 하나는 내 슬픔을 바탕으로 타인의 슬픔에 감정이입하고, 공감을 이루어 결코 혼자가 아니라는 위안과 희망을 상징적으로 드러내는 것이다.

나를 찍는다
들떠 있던 며칠간의 행적에
살짝만 벗겨도 뜯길 소리의 각도를 찍는다
몇 치수 늘어난 벨트와 소화되지 못한 오해가 속속 들어찬다
렌즈 깊숙이 들여다본,
이별의 깊이만큼 저장된 사연 눅눅하다

내 몸 구석구석
열매가 되지 못한 채 피고 지던 향기와
폐부 깊숙이 우글대던 갈증이 고스란히 찍혀 있다
그를 만나
고뇌에 턱을 괴고 때론 바람에게 길을 묻기도 하던,
좀처럼 여과되지 않는 흔적을 인화한다

초파일 연등처럼 흔들리던

갓 구워낸 빵 냄새가 나면 사랑의 유혹에 빠진다는,

우리가 이별하지 않은 한

다음은 오지 않을 거라는 말이 묻어난다

암실에선 무책임한 사랑을 소환해서는 위험하다

과오로 남겨진 흔적과

아물지 않는 상처는 묻어두는 게 상책이다

무심히 치닫는 회상은

허허, 벌판이다

—「자화상」 전문

 이 작품은 첫 행의 "나를 찍는다"는 행위의 직접 진술로 시작하지만, "무심히 치닫는 회상은/허허, 벌판이다"라는 심경의 피력으로 끝난다. 즉, 온전한 '자화상'을 보여주지는 못한다. 그 이유는 "들떠 있던 며칠간의 행적에/살짝만 벗겨도 뜯길 소리의 각도"를 렌즈에 담았기 때문이 아니다. 오히려 "내 몸 구석구석/열매가 되지 못한 채 피고 지던 향기와/폐부 깊숙이 우글대던 갈증이 고스란히 찍혀 있"기 때문이다. 빛에 노출된 현실의 '상(像)'을 붙잡고자 했지만, '암실'에서 인화되는 건 오히려 "과오로 남겨진 흔적과/아물지 않는 상처"들이다. 어쩌면 이 슬픈 현상은 예외적인 사건이 아니다. 앞의 「문득, 이라는 인생」의 경우처럼, 비록 시인은 "무심히 치닫는 회상은/허허, 벌판이다"라고 고백해버리고 말지만, 어떤 내적 필요가 시인의 자화상에 음영으로 새겨지고 있었기 때문인지도 모른다. 가령, 「축」에서 만나게 되는 "가발공장에서 야근한 언니"와 "별이 됐을 많이"나 다른 작품, 「보리밭」의 "월남전에서 망가진 사촌 오빠" 같은 존재가 기억 속에 여전히 살아 있기 때문이다. 인용 작품 안에서는 "우리가 이별하지 않은 한/다음은 오지 않을 거라는 말"의 상처를 남긴 사람에 대한 허허로운 회상이 그것이다. 이 작품을 포함해서 여러 차례 등장하는 '과오와 상처'의 의미를 개괄적으로 유추하자면 "열매가 되지 못한 채 피고 지던 향기와/폐부 깊숙이 우글내던 갈증"에 대한 시인의 현실적 판단에 더 가깝다. 어떤 꿈과 기대에서 멀어지면서 털어내고자 할수록 더 깊게 새겨지는 현상은 부정적으로 표현하는 것 외에 달리 도리가 없다. 이제 시인은 "과도를 들어 칼 자리가 잘 잡히는 않는 사과 표면을 내리쳐/인연의 깊이를 짐작해"(「길」)볼 수 있는 경지가 되었지만, 여전히 '회상'은 사랑처럼 "이율배반이며/절대고독"(「쓸쓸함에 대하여」)에 가깝다.

  공감은 정서적 울림이 큰 현상임에는 틀림이 없지만, 그 의미는 시대에 따라 변하고 있다. 서정의 기본 원리라 여겨졌던 '동화(同化)와 투사(投射)'가 이제 더는 적극적으로 사용되지 않는다. 그러나 아직도 동화와 투사의 개념은 시적 자아(주체)의 절대적 주권 행사에 가깝다. 나처럼 되게 유도하거나 나를 던져 넣어 대상과 자아를 융합하는 개념이다. 자아, 혹은 시적 자아라는 이름으로 변형된 주체-객체 관계인 것이다. 이와 다르게 현대의 공감은 '차이'의 이해를 통해 이루어진다. 즉 객관적 거리의 형성을 전제한다. 자아와 대상이 주체와 객체가 되는 것이 아니라 주체와 (자아와 동등한) 다른 주체로 관계하는 것이다.

> 울음은 곡선이다
> 직선도 뿔 삼각형도 아닌,
> 휘어야 부러지지 않고 둥글어야 모나지 않는다
>
> 그녀가 그랬다
> 담쟁이처럼 벽에 붙어 울었다
> 담장을 기어오르는 슬픔이 마디마디 자랐다
> 이별의 뿌리가 푸르게 푸르게 마디를 늘였다
>
> 마지막 눈물마저 쥐어짜고서야
> 울음이 둥글어졌다
> 작은 슬픔이 더 큰 슬픔을 밀어 올리며
> 푸른 더듬이가 생겼다

푸른 목젖에

붉은 달이 떠올랐다

—「울음의 곡선」 전문

　이 작품이 단순히 삼인칭 '그녀'를 사용했기 때문에 중요한 것은 아니다. 시인은 '울음은 곡선'이라 비유된 어떤 보편성을 확인하기 위해 "담쟁이처럼 벽에 붙어 울었"던 그녀의 경우를 실례로 보여준다. 그녀는 "마지막 눈물마저 쥐어짜고서야/울음이 둥글어졌다"지만 여기까지는 시인과 별 접점이 없어 보인다. 그러나 슬픔으로 인해 "푸른 목젖에/붉은 달이 떠올랐다"는 사실을 보자마자 시인은 그녀의 울음에 함께하게 된다. 「소금꽃」의 그녀도 "소금보다 짠 눈물이 그녀를 키웠다"라는 것을 알게 되었기 때문에 슬픔의 한 양태로 공감하고, "자식 앞세우고/목구멍으로 밥 넘기는 자신이 저주스럽다며/피가 나도록 제 몸을 긁어대던 그녀"(「슬픈 자의 식사법」)의 경우도 결국 밥이 아니라 "슬픔을 욱여넣"은 것이라는 이해에 닿을 수 있었기 때문에 형상화한 것이다. 이처럼 "작은 슬픔이 더 큰 슬픔을 밀어 올리며/푸른 더듬이"가 돋는 것이 인생이라면 우리는 무엇을 할 것인가. 날마다 자라나는 푸른 더듬이로 기억과 시간과 세계를 어루만져 슬픔의 형상만을 쫓을 것인가.

나는 무엇을 꿈꿨는가

희미해졌던 기억이 되살아나는 건

밤의 입구에 이르렀기 때문만은 아니다

생의 중반 나를 쫓아온 바다도 푸석한 파도만 건네줄 뿐

더는 되살아나지 않는 삶의 본능들

폭풍 같은 삶의 한때와 해후하고 싶었음일까

그리움이 발자국을 남기며 사라지고 있다

—「파도를 밟다」 부분

   한인숙 시인은 '꿈'과 '본능' 그리고 앞에 언급한 것처럼 기억 속에 박제되어 검게 인화되어 나오는 '향기'와 '갈증'에 마주 서더라도 슬퍼지만은 않는다. 최소한 "나는 무엇을 꿈꿨는가"는 질문을 되살린다. 오래 울어본 존재, 아니 "목청껏 울어본 자만이/새 울음 받아내느라 날 세운 나무의 귀를 볼 수 있다"(「나무의 귀」)라는 사실을 경험으로 알게 된 존재로서 "폭풍 같은 삶의 한때"를 어떻게든 '삶의 본능'과 결합하고자 한다. 시인의 현재 '자화상'을 살펴보면서 언급했듯이 일반적으로 '향기'는 그것의 자질이란 의미를 내포하고 '갈증'은 내면에 도사린 욕망으로 번역된다.

   개굴개굴개굴 노래가

잘살았어잘살았어잘살았어 푸른 격려 같아 턱을 괸다

달빛에 비친 날들이 환하게 핀다

　　이제 베짱이로 살기로 했다
　　　　　　　—「베짱이로 살기로 했다」부분

　시인은 이번 시집에서 여러 차례, '붉음과 푸른'의 선명한 색상 대비를 중요한 이미지로 보여준다. "사랑도 지극하면 꽃이 되느니/검붉게 터지느니"(「섬을 걷다」)처럼 붉음은 '갈증(욕망)'을 표면에 드러내는 상징이고, '푸른'은 앞 인용 작품의 '푸른 격려'처럼 '향기(자질)'가 어떤 경지에 도달했을 때를 강하게 암시한다. 표제작인 이 작품의 마지막 행, "이제 베짱이로 살기로 했다"야말로 이번 시집의 최종적인 언어석 아이러니의 진면목을 보여준다. '턱을 괴는 행위'(사유)를 앞세움으로 인해 '베짱이로 살기'는 일상의 습관이 된 의미가 아님을 강하게 반증한다.

　　유리문을 통과한 빛이
　　활자 크기로 재단되어 책 속으로 잠입했다
　　빛바랜 표지를 들추자
　　삼국지의 용맹도 대를 물리던 국어사전도 얼룩을 물고 있다
　　우수수 흩어질 것 같은 문장들,

여름 지나고 가을도 지났다

가끔 들른 구름과 대륙을 건너온 먼지를 기록하는지 누렇게 버석거렸다

그 많은 활자를 먹고도 살이 오르지 않은 책벌레는

여전히 책을 탐했지만

별책부록처럼 겉도는 짧은 지식은 그저 종이에 불과했다

궁지로 밀린 것들의 위험이랄까

크거나 작은 활자들 빛을 동그랗게 말아 쥔 채 낡아갔다

인생의 사원이 되어주던 책장에 기대앉아

활자들의 원성을 들었다

실타래처럼 엉킨 기호가 소멸을 저장하는 동안

염소가 뜯어먹었을 오후의 햇살을 손으로 가리며

유리문 밖 고즈넉을 읽었다

—「책장」 전문

시인의 '베짱이로 살기'는 '과오와 상처'로 점철된 기억을 망각하자는 것이 아니다. 오히려 "인생의 사원이 되어주던 책장에 기대앉아/활자들의 원성"을 들어주는 것, 차라리 소멸을 저장하는 기호에 매달리는 것이 아니라 "염소가 뜯어먹었을 오후의 햇살"의 "고즈넉"을 읽는 새로운 전략이다. 그 전략은 "내 머릿속 헤아릴 수 없는 깊이에 돛을 달아줄 수 있는지/태양이 넘기는 페이지들과 숲이 길러내는 사유를 읽어낼 수 있

는지"(「숲에 들다」)를 가늠하며 '숲의 경전'을 펼치는 것이다. 다시 말해, 한인숙 시인의 '베짱이로 살기'는 활자로 엮었던 '인생의 사원'에서 다른 기도의 전략으로 시인 자신의 향기를 은은히 펼쳐낼 수 있는 '숲의 경전'으로의 전회(轉回)라는 의미를 오롯이 함축하고 있다.

시인동네 시인선 201

베짱이로 살기로 했다

ⓒ 한인숙

초판 1쇄 인쇄　2023년 3월 20일
초판 1쇄 발행　2023년 3월 27일
지은이　한인숙
펴낸이　김석봉
디자인　헤이존
펴낸곳　문학의전당
출판등록　제448-251002012000043호
주소　충북 단양군 적성면 도곡파랑로 178
전화　043-421-1977
전자우편　sbpoem@naver.com

ISBN 979-11-5896-588-4 03810

*이 책의 판권은 지은이와 문학의전당에 있습니다.
*양측의 서면 동의 없는 무단 전재 및 복제를 금합니다.
*잘못 만들어진 책은 바꿔드립니다.